CIP-Kurztitelaufnahme der Deutschen Bibliothek

Zink, Jörg:
Gespräche mit dem dunklen Gott: d. Vaterunser
ausgelegt nach Bildern d. Stuttgarter Psalters / Jörg Zink.
Eschbach/Markgräflerland: Verlag am Eschbach, 1983.
(Eschbacher Bilderbücher christliche Kunst)
ISBN 3-88671-023-8

Bildvorlagen und Reproduktionen:
E. Schreiber, Grafische Kunstanstalt, Stuttgart
Satz und Druck: B&K Offsetdruck, Ottersweier
Verarbeitung: Großbuchbinderei Josef Spinner, Ottersweier
Das Buch wurde gesetzt aus der 12/13 Punkt Times normal

Jörg Zink
Gespräche mit dem dunklen Gott

Das Vaterunser
ausgelegt nach Bildern des Stuttgarter Psalters

Verlag am Eschbach

Der Maler von St. Germain

Klatscht in die Hände, ihr Völker,
jubelt dem Herrn zu mit fröhlichem Schall!
Denn der Herr, der Höchste, ist heilig,
ein großer König über die ganze Erde . . .
Singet unserem Gott, singet!
Singet unserem Gott, singt ihm!
Denn der Herr ist der König der Erde,
singt ein kunstvolles Lied!

So lesen wir über dem Bild, das zu den Worten des 47. Psalms gemalt ist. Die Worte klingen festlich. Aber was ist, wenn es uns nicht gelingen will, in den begeisterten Ton einzustimmen? Wenn wir Fragen haben – dunkle Fragen an den rätselhaften Gott?

Seit vielen Jahren suche ich ihn mir vorzustellen, den Mann, der jene alte Psalmenhandschrift schrieb und bebilderte, um die es in diesem Buch gehen soll.
Viel weiß ich nicht über sein äußeres Leben. Irgendwann in den Jahren um 820 oder 830 hat er in dem Kloster St. Germain des Prés vor den Mauern von Paris gelebt. Ein Mönch also. Ein Benediktiner. Der Frankenkönig Childerich I. hatte die Kirche 543 gegründet. Im Schatten der Kirche stand das Kloster. Der Platz liegt heute mitten in Paris, und die alte romanische Basilika steht noch da.

Dort also, in einer Zelle oder einem Schreibraum, saß der Mönch, der mich so lange beschäftigt. Nicht, daß ich seinen Namen wüßte. Aber ich meine, ihn, den Menschen, könne ich verstehen. Als er die Psalmen auf seine 165 Pergamentblätter schrieb, malte er über 300 farbige Bilder zwischen die Zeilen, und in den Bildern breitete er die Gedanken aus, die ihn beim Lesen oder Schreiben bewegten.
Seine Zelle war keine Insel trauter Gelehrsamkeit; vielmehr scheint es, als seien alle Stürme jener Zeit, die inneren und die äußeren, über sein Schreibpult gegangen und durch sein Hirn und Herz. Er saß da und las, wie die Dichter der Psalmen Gott rühmten, und es fiel ihm ein, wieviel Unrecht, dem Gott nicht widerstand, diese Menschenwelt beherrschte, wieviel Hochmut sich ungestört erhob, wieviel Widerspruch in dem Bild dieses Gottes war, den er, indem er schrieb, mit den alten Worten rühmte. Ihm fiel ein, daß der Zweifler, der sich gegen Gott wehrte, auch in ihm selbst war. Und dem las er die Psalmen vor. Ihm gab er Antwort, indem er die Worte, die steilen, oft so unzugänglichen, in Bilder faßte.

Lauter Güte ist Gott
für alle Menschen mit geradem Sinn.
(Psalm 73,1)

So lesen wir in der obersten Zeile. Und die beiden Musikanten sind zusammengekommen, um diesem Gott ein wohlklingendes Lied darzubringen, der linke mit einer Harfe, der rechte mit einer Art Zimbel, Metallbecken an elastischen Holzgabeln. Aber der Psalm bricht nach dem hymnischen Anfang jäh ab:

Mich aber – fast strauchelten meine Füße,
fast glitten meine Schritte aus –
mich packte der Zorn über die Ungerechten,
als ich sah, wie die Frevler im Frieden lebten . . .

Sie sagen: Wie sollte Gott das merken,
wie kann der Höchste das wissen? . . .
Und mein Herz war verbittert,
mir bohrte der Schmerz in den Nieren.
(Psalm 73,2–3.11.21)

„Lauter Güte ist Gott . . .", las er. Warum sagt der Psalmdichter das? Und woher soll er, der späte Leser, den Mut nehmen, seinen Zorn auf die Seite zu legen und in die Saiten zu greifen? Der Widerspruch stand hart zwischen dem anklagenden Text und dem mühsamen Versuch, nicht die Gottlosen zu malen, sondern den Lobpreis.
Ich möchte gerne eine Weile mit ihm reden, denn den Zornigen, den Unzufriedenen, den, der von Gottes Gerechtigkeit auf dieser Erde gerne mehr sähe, den habe ich in mir, wie er ihn in sich hatte, der einsame Mönch, der diese Handschrift vor fast 1200 Jahren malte.
Ich habe seit vielen Jahren eine heimliche Liebe zu ihm und ich finde mich in seinen Bildern wohl ebensooft, wie er sich in den Worten der Psalmen fand.

Christen lesen die Psalmen gleichsam durch das Evangelium hindurch, und das Maß aller Gebete ist das Gebet des Herrn. Da nun die Psalmen nicht in unserem Sinne einen Aufbau haben und eine innere Ordnung, so möchte ich, was da gemalt und gesagt ist, nach der Ordnung lesen, die das Vaterunser angibt. „Alle Gebete der Heiligen Schrift sind im Vaterunser zusammengefaßt. Sie werden in seine unermeßliche Weite aufgenommen. Sie werden also durch das Vaterunser nicht überflüssig gemacht, sondern sie sind der unerschöpfliche Reichtum des Vaterunsers, wie das Vaterunser ihre Krönung und Einheit ist" (Dietrich Bonhoeffer).

Unser Vater

So also mag er an seinem Schreibpult gesessen haben, mit nach oben gewendetem Blick. Dorther mußte wohl die Klarheit kommen, die er brauchte. Vor einem dunklen Hintergrund sitzt er und berührt nur eben mit der Stirn die Helligkeit, die über seiner Zelle ist.
Was er dort wahrnimmt, das will er zwischen die Verse malen, die er Zeile für Zeile auf Pergament schreibt. Das Tintenfaß ist groß genug. Dabei, merkwürdig, sitzt er auf einem Stuhl, der

eigentlich wie ein Regenbogen ist. Ein Bogen wie der, auf dem sonst Christus sitzend gemalt wird, der triumphierende Herr der Welt. Will er sagen: Ich bin nicht der, der dies alles schreibt, sondern Christus lebt und schreibt in mir?

In bunten Farben malt er den alten Lobgesang:

Der Herr ist mein Licht und mein Heil,
vor wem sollte ich mich fürchten?
Der Herr ist der Schützer meines Lebens.
Wovor sollte ich zittern? (Psalm 27,1)

Dieser alte Lobgesang aus Psalm 27 klingt wie der Anfang jenes Gebets, das Jesus seinen Jüngern gab und das wir das Vaterunser nennen. Es beginnt mit der erstaunlichen Fraglosigkeit der Anrede: „Unser Vater”, gesprochen über alle Bedenken und Vorbehalte hinweg. Es verlangt von uns immerhin, daß wir, ehe wir beginnen, unsere Bitten und Wünsche auszusprechen, von uns

selbst wegsehen und sagen: Ich weiß vielleicht nicht, wer du bist, aber du bist mein Vater im Himmel. Das bedeutet nicht, daß damit unsere Gegenfragen zu all dem, worüber wir zornig oder verzagt sind, schon beantwortet wären. Es könnte vielmehr bedeuten, daß die Fragen mit dieser Anrede erst wirklich beginnen.

Ich liebe den Herrn,
denn er hört meine flehende Stimme.
Er hat mir sein Ohr zugeneigt,
darum will ich ihn alle Tage anrufen.
Schmerzen des Todes hatten mich umgeben,
des Totenreichs Schrecken hatten mich getroffen.
Ich kam in Jammer und Not.
Aber da rief ich den Herrn an:
O Herr, befreie meine Seele,
barmherziger Gott.
(Psalm 116,1–4)

Mit einer kunstvollen, wunderbar ausgewogenen Initiale beginnt die Schrift: „Ich liebe den Herrn." Aus der Initiale wächst nach rechts ein leuchtender Himmel heraus, eine rote Wellenlinie, die das verborgene Licht Gottes meint, darunter eine blaue, die den irdischen Himmel anzeigt. Darunter aber dehnt sich in düsterem Violett eine bedrohliche Welt aus.
Da steht der Beter des Psalms, breitet die Arme aus, um Gott zu rufen, und sein Gesicht sagt deutlich genug, daß er durchaus nicht sicher ist, sein Ruf werde ein Ohr finden. In Panzer und Kettenhemd, wie ein adliger fränkischer Ritter jener Zeit, gestiefelt, aber ohne Waffen – so steht er da und weist mit der übergroßen rechten Hand zu einem Baum hinüber, während das Wehen des Mantels anzeigt, woher die Gefahr kommt.

Die große Hand deutet auf den Baum hin und sagt: Schau her, das bin ich! Siehst du die Schlange? Sie wird dich abwürgen! Einen Augenblick lang mag man sich darüber wundern, daß ein so wehrhafter Mann es nicht selbst mit der Schlange aufnimmt. Aber offenbar hat er es mit einer Gefahr zu tun, der mit Spieß und Schwert nicht beizukommen ist, die ihn vielmehr verschlingen wird, wenn nicht Gott selbst sie abwendet.
Und da sieht er, wie Gott ihm „sein Ohr zuneigt"; nein, nicht eigentlich Gott, sondern Jesus Christus. Und dieser Christus hat kein Ohr, sondern schaut aufmerksam und gesammelt zu ihm herab. Das nahe, zuhörende Gesicht des Christus, in dem Gott sich ihm zuwendet, ist das, was ihn tröstet. Um des vertrauenswürdigen Bruders willen ist er bereit, dem Vater zu glauben. Die Schlange aber wendet sich nach links und speit ihr Gift gegen den Bildrand. Nur der gewellte Schwanz berührt - fast - noch den Stiefel. Der Baum steht in seiner vollen Kraft, und zwei seiner Blätter reichen aus der Zone der Bedrohung hinauf über den Himmelsrand. Der Ritter aber hat den festen Grund eines hellen Felsens unter sich, auf dem er nun als freier Mensch Stand und Halt hat.

Wenn Jesus die Seinen, die so zu ihm rufen, anweist, Gott einen „Vater" zu nennen, den Gott einer Welt, in der das Böse und das Elend unbesiegbare Mächte sind, dann verlangt er ein Wagnis gegen allen Augenschein. Mit diesem Wagnis aber, das sich auf keine Beweise stützt, werden sie auf festem Grund und in Gottes Welt sein.

Dein Name

Die Himmel erzählen die Herrlichkeit Gottes,
und das Firmament verkündigt seiner Hände Werk.
Ein Tag sagt es dem anderen weiter,
und was eine Nacht von Gott weiß,
sagt sie der nächsten ins Ohr.

Sie reden ohne vernehmbare Stimme;
was sie erzählen, reicht über alles Land
und an das Ende der Welt ihr Raunen.
(Psalm 19,2–5)

Was kann der bedrohte Mensch von einem rettenden Gott wissen? Der Psalm sagt: Wer zuzuhören vermag, der hört überall Stimmen; ein Tag redet zum nächsten und eine Nacht zur folgenden. Es ist ein Hören ähnlich dem, mit dem Christus den Hilferuf des Beters vernimmt: denn nicht die leiblichen Ohren sind angesprochen, sondern die Aufmerksamkeit des Herzens. Da stehen sie also wie Menschen, die leise miteinander reden, in langer Reihe, die Tage und Nächte, und wer ihnen zuhört, vernimmt ein klares Wort über den Gott, der die Welt geschaffen und geordnet hat. Sie ehren den „Namen" Gottes, das heißt, seine heilige, unnahbare Gegenwart, nicht indem sie ihn mit lauter Stimme preisen, sondern indem sie ihn unhörbar verkündigen.
Freilich, der Beter von vorhin (s. Seite 12) wäre damit nicht getröstet. Was hilft es ihm, wenn die Tage und die Nächte durch Jahrtausende hin weitersprechen, während er zugrunde geht? Wird die große kosmische Ordnung, wird die staunenswerte Abfolge der Zeiten ihn retten? Denn was die Tage und Nächte erzählen, das ist doch auch eine unendliche Geschichte von Jammer und Elend, Gewalt und Unrecht, die sich durch die Jahrtausende hinzieht. Und so malt er zum selben Psalm ein zweites Bild.

Ein gerüsteter Mensch mit Spieß und Schild, mit Helm und Stiefeln, dem es offenbar auf ein Opfer seiner Gewalt mehr oder weniger nicht ankommt, so wenig wie auf einen Krieg mehr oder weniger, einen Rechtsbruch mehr oder weniger, füllt die rechte Bildhälfte. Und ein Löwe neben ihm, der nicht weniger versucht, als den Ball der Sonne, den er vor sich herstößt, zu zerreißen oder zu verschlingen, Bild einer anonymen Macht, die gerade diese Ordnung zerstören will. Ist also nicht gerade die Ordnung der Schöpfung abgründig bedroht?

Eine diagonale Trennungslinie, klar und gerade, geht durch das Bild. Der Löwe und der Krieger sind abgedrängt, und Christus, das Zeichen des Kreuzes im Arm, läßt sich von einer Hand ergreifen, die ihn aus der offenen Himmelslinie heraus faßt, während die andere Hand ein Buch herabhält, in dem das Rettende geschrieben steht.

Das göttliche Gesetz ist ohne Makel.
Es erquickt die Seelen.
Die Zusagen des Herrn sind verläßlich
und erfüllen die Geringen mit Weisheit. (Psalm 19,8-9)

Wer den Zusagen des Herrn durch die Tage und Nächte nachgeht, so sagt das Bild, den ergreift unsichtbar eine Hand. Er bleibt - wie Christus - unbedroht.

Noch einmal steht Christus stellvertretend für den einsamen Mann, der an seinem Schreibtisch sitzt und nach einer Antwort sucht:

Wie ein Schild umgibt dich seine Wahrheit.
Du wirst dich nicht fürchten vor dem Schrecken der Nacht,
vor dem Pfeil, der am Tag fliegt,
der Not, die im Finstern umgeht . . .

So lauten die Verse 4-6 des 91. Psalms, zwischen die der Mönch sein Bild malt. Christus steht im roten Feld, umschlossen von einem hellen Ring, mitten in der violetten Zone einer abgründigen Gefahr. Links steht ein Teufel und stößt mit einem Speer zu, der an dem Ring abgleitet. Von links und rechts suchen je drei Schlangen einen Zugang in das Innere des Rings, aber sie stoßen wie an eine Glaswand. Christus bleibt unversehrt in der Mitte stehen.

Dieser Christus führt mit dem Teufel ein Gespräch, und es scheint, als verweise er dabei auf ein Buch. Der Maler zeichnet also in den 91. Psalm die Geschichte ein, die erzählt, wie Jesus in der Wüste mit dem Teufel geredet habe. Zunächst ist da der

91. Psalm. Die Schlangen verkörpern offenbar den „Schrecken der Nacht", den „Pfeil, der am Tag fliegt", die „Not, die im Finstern umgeht", die „Seuche, die in der Mittagshitze wütet", den „Strick des Jägers" und die „verderbenbringende Pest". Alle diese Gefahren sind abgewehrt – aber wie gewinnt der Bedrohte den wunderbaren, schützenden Ring?

„Da ward Jesus vom Geist in die Wüste geführt, auf daß er vom Teufel versucht würde. Und da er vierzig Tage und vierzig Nächte gefastet hatte, hungerte ihn, und der Versucher trat zu ihm und sprach: Bist du Gottes Sohn, so sprich, daß diese Steine Brot werden. Und er antwortete und sprach: Es steht geschrieben: Der Mensch lebt nicht vom Brot allein, sondern von einem jeden Wort, das durch den Mund Gottes geht" (Matthäus 4,1–4). Indem er das sagt, schließt sich um ihn der helle Ring des

Schutzes Gottes. Das Wort, auf das er mit der Hand verweist, ist die vom Dichter des Psalms gemeinte Hilfe, wenn er sagt:

Wer unter dem Schutz des Höchsten wohnt,
wer im Schatten des Allmächtigen bleibt,
darf zu ihm sagen: Meine Zuflucht, meine Burg. (Psalm 91,1–2)

„Da führte ihn der Teufel mit sich in die heilige Stadt und stellte ihn auf die Zinne des Tempels und sprach zu ihm: Bist du Gottes Sohn, so wirf dich hinab, denn es steht geschrieben: Er hat seine Engel ausgesandt, die sollen dich behüten auf allen deinen Wegen, die werden dich auf den Händen tragen, damit dein Fuß nicht an einen Stein stoße” (Matthäus 4,5–6). Und Jesus hält wiederum das Buch hoch, den Mißbrauch der göttlichen Zusage abwehrend, und erinnert an das Gebot der Schrift: „Du sollst Gott deinen Herrn nicht auf die Probe stellen” (Matthäus 4,7). „Wiederum führte ihn der Teufel mit sich auf einen sehr hohen Berg und zeigte ihm alle Reiche der Welt und ihre Herrlichkeit und sprach zu ihm: Dies alles will ich dir geben, wenn du niederfällst und mich anbetest. Da antwortete Jesus: Hebe dich weg von mir, Satan, denn es steht geschrieben: Du sollst Gott deinen Herrn anbeten und ihm allein dienen” (Matthäus 4,8–10). Indem Jesus zum dritten Mal auf die Heilige Schrift zurückverweist, bildet sich um ihn endgültig der helle Ring. Er weiß, wer Gott ist, er kennt seinen „Namen”. Und dieser Name ist sein Schutz.

„Geheiligt werde dein Name”, das ist die erste Bitte des Vaterunsers. Das heißt: Laß erst einmal, wenn du beten willst, stehen und gelten, was Gott gesagt hat, und wolle nicht eine zusätzliche, deine private Auskunft über den Sinn und Schutz deines Daseins. Gott ist dir keine Rechenschaft schuldig. Er hat geredet, und zwar deutlich genug. Und in diesem Wort suche deine Zuflucht.

Dein Reich

Wieder erscheint Christus, umgeben von einem Ring. Aber nun nicht als der Geängstete und Bedrohte, sondern als der Herrschende, als der Repräsentant Gottes.

„Gott riß den Himmel auf und fuhr herab",
schreibt der Dichter des 18. Psalms,
„Dunkel breitete sich unter seinen Füßen.
Auf dem Kerub fuhr er einher
und schwebte auf den Fittichen des Windes . . .

Aus dem Lichtglanz vor ihm
zogen Wolken mit Hagel und Blitzen daher."
Und gegen Ende des Psalms heißt es:
„Der Herr lebt; gelobt sei er,
der mir festen Grund gibt."
(Psalm 18,10–11.13.47)

Der Dichter und mit ihm der Schreiber und Maler schauen dies: Da ist ein breiter, dunkler Streifen, an dem, von unten gesehen, die Welt zu Ende scheint, bedeckt von dunklen Wolken. Mächte sind gegenwärtig, nicht unmittelbar als Diener Gottes kenntlich, verhüllt in die seltsame Verkleidung der sechs Flügel, in der der Prophet Jesaja die Lichtwesen, die „Serafim", wahrnahm (Jesaja 6). Darüber freilich ist alles sehr klar. Da tragen zwei Engel in wunderbar leichter, fliegender Bewegung den großen Ring, in dem das Gesicht des Christus erscheint, das Gesicht, in dem sich das Geheimnis Gottes verbirgt.
Der Blick über die dunklen Grenzen dieser Welt hinaus ist ein Blick in eine unendliche Ferne und eine unbekannte Zukunft zugleich. Denn das Reich soll nach Jesu Worten „kommen". Es ist nicht da, es ist nicht gegenwärtig. Das Reich glauben heißt auf die Zukunft hin ausgespannt sein, über die Zone der Verborgenheit Gottes hinausschauen, hinausglauben, hinausdenken.
Darum spricht der 72. Psalm, bei dem das folgende Bild steht, von Gottes Reich in Worten der Hoffnung:

Huldigen sollen ihm alle Könige
und alle Völker ihm dienen.

Für den Maler ist diese Hoffnung vorweggenommen in jener Geschichte, die erzählt, wie Jesus geboren worden sei in Betlehem und wie die Magier – oder für die spätere Kirche die

„Könige" – aus dem fernen Morgenland gekommen seien, gerufen durch einen Stern, um den König aller Könige anzubeten:

Die Könige von Tarschisch,
die Könige der fernsten Inseln sollen Geschenke bringen,
die Könige aus Saba und Seba Gaben herzutragen.
(Psalm 72,10)

Der Maler setzt Maria und das Kind in ein Gewölbe mit schönen Säulen auf einen Thron und läßt die drei Männer, die der Volksglaube zu Königen gemacht hat, ihre Gaben bringen, Gold, Weihrauch und Myrrhe, wie man sie dem bringt, der ein König und ein Priester zugleich ist.

Aber noch ist das Reich Zukunft, eine Hoffnung gegen den Augenschein, in einer Welt, in der die Realitäten eine so ganz andere Sprache sprechen, in der die Gewaltmenschen und die Toren das Sagen haben, in der - wie der Mönch von St. Germain des Prés täglich sieht - auch die Kirche die Hoffnung auf das Reich mißdeutet und den Interessen von Völkern, Staaten und Königen unterordnet.
Noch ist das Reich eine Hoffnung gegen den Augenschein auch in der Kirche. Es ist so verborgen wie Gott selbst. Aber es ist eben doch das Geheimzeichen, in dem sich uns der Sinn unseres Daseins andeutet: dem Reich zugehörig zu sein und also nicht einfach entbehrlich und verloren; dem Reich verpflichtet zu sein und also mit einem sinnvollen Auftrag versehen, frei zugleich von allen Reichen dieser Erde; dem Reich zu entsprechen, also mehr zu sein, als man selbst an sich wahrnimmt, wichtiger zu sein, als man in seiner Mutlosigkeit meint, reiner, als man sich selbst fühlt, Gott näher, als man befürchtet.
Das Reich ist nicht sichtbar. Aber es ist gegenwärtig, und es ist für den unruhig nachdenkenden Menschen in seiner Kammer und vor seinem Schreib- und Maltisch die eine große sinngebende Kraft.
So malt er das Kind von Betlehem und stellt sich den erhöhten Christus vor. Er malt ihn klein auf den Knien seiner Mutter und gibt ihm doch zugleich die große Hand des erwachsenen Herrschers, und der Widerspruch stört ihn nicht. Im Gegenteil, gerade dieser Widerspruch ist seine richtige, sachgemäße Deutung jener Geschichte von Betlehem.

Dein Wille

Das Kennzeichen des Reiches Gottes ist Gerechtigkeit. So bittet der Dichter des 72. Psalms, Gott möge einen König senden, der sein Volk

„regiere in Gerechtigkeit
und den Armen durch rechtes Urteil
und lebe, solange die Sonne bleibt und das Meer,
bis zu den fernsten Geschlechtern".
„Er ströme wie Regen herab auf die Felder,
wie Regenschauer, die die Erde benetzen" –
so lesen wir über dem Bild.

Und unter dem Bild steht:
„Gerechtigkeit blühe auf in seinen Tagen
und großer Friede, bis der Mond vergeht."
(Psalm 72,2.5–7)

Aber der Schreiber denkt nicht an einen König wie David oder Salomo, auch nicht an die Frankenkönige seiner Zeit, etwa Ludwig den Frommen, Sohn Karls des Großen, der damals regierte. Ihm fällt bei der Bitte, der König „möge wie Regen herabströmen", vielmehr ein, dieser König müsse wohl von oben kommen und nicht von unten. So malt er die Szene, wie der Engel zu Maria ins Zimmer tritt und sagt: „Du wirst schwanger werden und einen Sohn gebären, den sollst du Jesus heißen" (Lukas 1,31). Das will Gott: daß ein Friedensfürst, ein König der Gerechtigkeit von oben herab auf die Erde kommt und daß ein junges Mädchen ihn zur Welt bringt. Wenn aber dies der Wille Gottes ist, was ist dann selbstverständlicher, als daß der erwählte Mensch sagt: „Ich bin des Herrn Magd? Mir geschehe nach deinem Willen" (Lukas 1,38). Für Maria ist alles sehr einfach. Daß der Wille Gottes sich an ihr erfüllt, ist schön, ist gut. Es ist ein Grund, glücklich zu sein.

Für den Maler ist das Thema damit nicht erledigt. Was ist denn der Wille Gottes? Wenn Gott Leiden und Schmerzen verhängt, wenn er den Tod des Menschen will und vielleicht sogar sein qualvolles Sterben – was ist es dann um den Willen Gottes?

„Glücklich der Mensch,
der nicht bei den Spöttern und den Gottlosen wohnt,
sondern das Gesetz Gottes meditiert Tag und Nacht",
sagt Psalm 1.

EATUS VIR
quinon abiit incon·
silio impiorum
& in uia peccatorum
non stetit
& in cathedra pestilen
tie non sedit

Zwei Männer diskutieren. „Das ist Gottes Wille!" scheint der Sitzende mit erhobenem Zeigefinger zu sagen. „Kann denn das alles Gottes Wille sein?" fragt ihn der Stehende mit Händen, die ausgebreitet sind, als zeigten sie dem anderen allen Jammer der Erde. Hinter ihm aber hängt Christus am Kreuz. Wenn das der Wille Gottes sein soll - wie können wir ihn bejahen? Kann es denn irgendwo auf der Erde einen Heiligen geben, der dies könnte? Nicht, weil er zu schwach wäre, sondern weil es offenbar Gottes Wille ist, daß auch der Heilige seine Einwilligung täglich neu durchbuchstabieren muß.
Und hat er denn, auch wenn er Gottes Willen bejaht, nicht am Ende noch alle Rätsel der Welt ungelöst vor sich? Ist er nicht im Gegenteil noch verletzlicher geworden und empfindlicher, wo immer Menschen unter Unrecht und Gewalt leiden? Er hat danach noch kein Ziel erreicht, aber er ahnt, er glaubt mit zitterndem Herzen, daß es einen Weg gibt, eine Heimkehr, aber auch eine Veränderung dieser Welt, so, daß in ihr endlich auch der Wille Gottes begreiflich wird.

Auf dem Haupt des Mannes in der oberen Bildhälfte, der offenbar Grund hat, sich in dieser Welt zu fürchten - seine Waffe zeigt es -, steht das Zeichen des Kreuzes. Er kann es selbst nicht sehen. Aber es ragt über ihm auf und gibt seiner Einwilligung in den Willen Gottes jenen erlösenden Sinn, den das Kreuz des Christus hat. Es ist verändert zu einem Werkzeug des Willens Gottes. In ihm spricht Christus noch einmal das Wort, das er im Angesicht des Todes gesprochen hatte: „Nicht mein Wille, sondern der deine soll geschehen" (Lukas 22,42). Und indem nun der so gezeichnete Mensch seinen Weg hinter diesem Wort Jesu hergeht, beginnt er, es bei allem Unrecht und Elend dieser Erde mit dem rätselhaften Willen Gottes auszuhalten und auf sein Ziel, das Reich, zuzugehen.

Unser tägliches Brot

Er gab dem dürren Lande Wasserquellen
und den Hungrigen Heimat.
Er ließ sie eine Stadt bauen als bleibenden Wohnsitz
und Äcker besäen und Weinberge pflanzen,
die alljährlich Früchte tragen.
Und er segnete sie, daß sie sich sehr mehrten,
und gab ihnen viel Vieh . . .

So liest der Schreiber im Psalm 107 und wendet sich der handfesten Arbeit der Bauern zu, die mit ihren Holzpflügen den Erdboden bearbeiten. Da treibt einer mit einem langen Stecken seine

Ochsen an und führt mit der anderen Hand den Pflug. Dabei blickt er nicht auf den Pflug und zu seiner Furche, sondern über die Ochsen hinaus auf den, der seine Arbeit segnen muß, wenn sie gelingen soll. Hinter dem Bauern steht schon der Korb, in dem er die Frucht seines Ackers zu sammeln hofft.

Dieser Acker wurde dem Mönch von St. Germain de Prés zum Gleichnis. Im Psalm 126 liest er:

Die mit Tränen säen,
werden mit Freuden ernten.
Sie gehen hin und weinen
und streuen ihren Samen
und kommen mit Freuden
und bringen ihre Garben.

Wenn wir bitten: „Unser tägliches Brot gib uns heute" - nicht: unser Glück oder unsere Macht oder unsere Sicherheit, sondern „unser Brot" - dann fügen wir uns einerseits dem offenbaren Willen Gottes, der dem einen unter uns die Sonne und dem anderen das Unwetter sendet, dem einen das Brot, dem anderen den Hunger, dann wissen wir aber andererseits, daß es nicht genügt, sich diesem Willen Gottes zu fügen, daß es vielmehr notwendig ist, den viel weiterreichenden Willen desselben Gottes zu erfüllen, daß wir das Brot, das wir ernten, weiterreichen von Hand zu Hand, bis es für alle reicht.

Ein russisches Gebet zur Aussaat lautet:

Herr, gestalte, vermehre und laß gedeihen,
daß es reicht für jedermann:
für den Hungernden und den Verwaisten,

für den Fordernden und den Bittenden,
für den, der es sich nimmt,
und für den, der Gott preist,
und auch für den, der undankbar davongeht.

Not und Armut, Mißerfolg und Hunger, die Menschen irgendwo auf dieser Erde treffen, sollen – das ist der Wille Gottes – ihre Erlösung nicht erst in jener Zukunft finden, die wir das Reich nennen, wo auch die Weinenden ihre Garben dankbar herzutragen werden, sondern auf dieser Erde schon, auf der die beiden Männer ihre Arbeit tun. Und indem wir diese Bemühung nicht scheuen, hat die Hoffnung, am Ende Garben, also die Ernte unseres Lebens in Händen zu haben, ihren Sinn.

Aber wird uns nicht die Erfolglosigkeit bis an eben dieses Ende begleiten? Beginnt es hier nicht mit der echten und tiefen Sorge um den Sinn und Zweck dieses ganzen mühsamen Daseins? Eine kleine kümmerliche Frauengestalt sitzt auf einem dunkelgrünen Hügel und blickt sorgenvoll in die Ferne. Neben ihr steht einer, dem das Lob ebenso schwer von den Lippen geht, und spielt zu dem Text des Psalms 43:

Sende dein Licht und deine Wahrheit,
daß sie mich leiten
und bringen zu deinem heiligen Berg
und zu deiner Wohnung,
daß ich hineingehe zum Altar Gottes,
zu dem Gott, der meine Freude und Wonne ist,
und dir, Gott, auf der Harfe danke, mein Gott.

Was betrübst du dich, meine Seele,
und bist so unruhig in mir?
Warte auf Gott, denn ich werde ihm noch danken,
daß er meines Angesichts Hilfe und mein Gott ist.

Der Psalmsänger oder auch der Schreiber selbst, der seine eigenen Gedanken zu diesem Lied malt, steht am linken Bildrand. Er hält sein Psalterium vor sich und reißt die Saiten mit einem kleinen Holz an. Aber ihm ist nicht nach Lobgesang zumute. Traurig schauen seine großen Augen in die Ecke. Was ihm Kummer macht, ist, daß er nicht weiß, warum Gott so ferne ist und so wenig von seiner Gegenwart und seiner Freundlichkeit zu sehen. Hat Gott ihn vergessen? Er weiß zwar in der Ferne einen Ort, an dem er Gott finden könnte, einen Tempel, aber er kann ihn nicht erreichen. In der Ferne weiß er auch einen Himmel, in dem Gott thront, aber Gott nimmt ihn von dort aus offenbar nicht wahr. Dabei hängt doch sein Leben und Werk davon ab, daß Gott ihn

sieht. So tröstet er sich allein noch damit, daß es wohl nur eine Frage der Zeit sei, bis er mit freiem Herzen Gott wieder danken dürfe und ihn mit seinem Lied preisen.
Zunächst hockt seine „Seele", zu der er spricht, einsam, klein und verängstigt auf einem dunklen Sorgenhügel und schaut in die Ferne. Die ist leer. Es gibt nichts zu sehen. Und so steckt die Seele den kleinen Finger in den Mund, um sich wenigstens mit ihrer eigenen Nähe zu trösten. Es ist die depressive, in sich versunkene und vergrabene Seele, allein mit sich selbst.

Ihr sagt der Maler über die Worte des Psalms hinaus zweierlei. Zum einen: Wenn du nicht so trostlos in die Ferne schautest, könntest du in deiner nächsten Nähe fünf wunderbare, rote Blumen entdecken, die Gott unmittelbar vor deinen Füßen wachsen läßt. Und zum anderen: Hinter deinem Rücken wächst ein Baum. Der steht für alles, was in deinem Leben wachsen und gedeihen und Frucht tragen will, wenn du es nicht hinderst. Dein Leben hat festeren Grund, als du meinst. Es gelingt mehr, als du sehen kannst. Aber das wirst du nicht wahrnehmen, solange du auf dieser Erde lebst, und schon gar nicht, solange du deine Augen mit deiner eigenen Hand verdeckst. Du wirst es auch am Ende deines Lebens, wenn du zusammenzählst, nicht mitzählen können. Gott hat in deinen Kummer einen Sinn gelegt, den du erst erkennen wirst, wenn du „mit Freuden kommst und deine Garben in Händen hast" (Psalm 126,6). Aber der Baum wächst hinter deinem Rücken. Er wurzelt im Erdboden des Elends, in dem violetten Streifen am unteren Rand. Er wächst über das hell-lila Feld in den rötlichen Streifen hinauf, vor dem du sitzt, ohne ihn wahrzunehmen. Und mit seinem obersten Blatt ragt er über den Rand deines Daseins hinauf, wie auch deine eigene Stirn mit all ihren Sorgenfalten hinausreicht in die Höhe, aus der dich Gottes Nähe berühren will.

Der Maler, der mit der Sorge der kleinen „Anima" so leicht umgeht, fast ein wenig lächelnd, weiß, daß der sorgende Mensch seine Sorge nicht als leicht, sondern als erdrückend empfindet. Warum ist denn in allem Mühen und Arbeiten nicht mehr Segen wirksam? Warum wird denn auf dem Acker dieser Erde, in den wir unsere Hoffnung säen, so unendlich viel gelitten und entbehrt? Bleibt denn nicht tatsächlich am Ende nur die Angst und Sorge der kleinen Frauengestalt übrig? Und die Hoffnung, vielleicht, irgendwann in einer fernen Zukunft werde sie sich umwenden dürfen und den Baum schauen, zu dem ihr Schicksal herangewachsen ist?

Nein, noch eins weiß der Mönch: An einer anderen Stelle seines Buches malt er das Gegenbild zu der kleinen Seele und ihrer Sorge: einen Menschen, der in einem Wagen steht, die Zügel seiner Pferde in der Hand hält und auf seinem Weg dahinbraust. Er malt einen Menschen, der sich aufgerafft hat und sein Leben „packt", wie wir sagen würden.

„Gottes Wagen sind viel tausend mal tausend", sagt der Dichter des 68. Psalms, nachdem er darüber geklagt hatte, daß von Gottes Kraft nichts zu spüren sei. Aber der Maler stellt nun nicht die Kraft Gottes dar. Nicht Gott selbst im Wagen stehend, wie es der Psalm meint, sondern einen Menschen, der die Kraft Gottes in Anspruch nimmt, um sein Ziel zu erreichen: das tätige, wirksame, befreite Dasein, das seine Richtung weiß und sein Ziel vor Augen hat.

Unsere Schuld

Aber die Sorge reicht noch tiefer als nur in die Zone, in der die kleine Seele sich um den Sinn und Ertrag ihres Lebens ängstigt (s. Seite 33). Zum 38. Psalm malt der Schreiber eine Szenerie, in der es um unsere äußerste Verantwortung, und das heißt auch, um Schuld geht.

Über dem Bild steht der Vers:
„Ich bin wie taub und höre nicht
und wie ein Stummer, der seinen Mund nicht auftut."
Und unter dem Bild:
„Ich muß sein wie einer, der nicht hört
und keine Widerrede in seinem Munde hat."

Was über dem Bild steht, bezieht der Maler auf Petrus, den Jünger, der bekennen soll und sich in der rechten Bildhälfte eben die kalten Hände an einem Feuer wärmt. Was unter dem Bild steht, bezieht er auf Christus, der vor dem Hohenpriester Kajaphas steht und sich rechtfertigen soll (Markus 14,53–72). Der Hohepriester fährt mit langem Arm und ausgestrecktem Zeigefinger auf den Angeklagten zu. „Antwortest du nicht auf alle diese Zeugenaussagen?" Aber Jesus schweigt. Für ihn ist dies nicht die Stunde, seine Lehre zu erläutern. Er geht schweigend den Weg, den der Vater ihm zugedacht hat. Die lehrende Hand unter dem geschlossenen Mund zeigt, welchen Sinn dieses Schweigen habe. Der linke Fuß wendet sich von dem Ankläger weg und sucht schon die Richtung, die ihn aus dem Palast hinaus und auf die Straße nach Golgota führt. Dieses Schweigen ist ein Zeichen eines Gehorsams, der keine Diskussion mehr will und keiner Erklärung mehr bedarf.

Mit der gleichen Handbewegung, mit der der Hohepriester auf den Angeklagten zufährt, zeigt in der rechten Bildhälfte eine Frau aus einem Tor heraus auf den Jünger hin, der im Hof steht und ihr betroffen entgegensieht. „Bist du nicht auch einer von denen, die zu diesem Jesus gehören?" Aber Petrus hat kein Wort zu sagen, er ist „wie taub und hört nicht und wie ein Stummer, der seinen Mund nicht auftut". Er hat keine Antwort als die Verweigerung und seinen verschlossenen Mund. Als der Hahn kräht, entdeckt er, daß er in sich selbst keinen Stand hat. Er bricht sozusagen nach unten durch in einen unendlichen Abgrund, eben den Abgrund, den das Vaterunser die Schuld nennt. Wie fröstelnd zieht er den Mantel fester um sich, während über ihm, wie ein gefährlicher Raubvogel, der Hahn auf der Mauer steht. Petrus war nicht der, der er gemeint hatte zu sein. Er hatte nicht ausgesprochen, was er als Wahrheit erkannt hatte, er hatte nicht gezeigt, wer er in Wirklichkeit in den Augen

Gottes schon gewesen war, er verfehlte sich selbst, er verfehlte die Wahrheit und damit den Sinn und Auftrag seines Daseins. Er stürzte ins Nichts. Und das ist „Schuld".

Rette mich Gott!" –
so beginnt der 69. Psalm auf dem nebenstehenden Bild,
„denn das Wasser geht mir bis an die Kehle.
Ich versinke im tiefen Schlamm, da kein Grund ist.
Ich bin in tiefe Wasser geraten,
und die Flut will mich verschlingen."
Und: „Gott, du kennst meine Torheit,
und meine Schuld ist dir nicht verborgen."

Da fährt ein Schiff über ein Wasser, und das Wasser ist personifiziert in dem rechts auftauchenden Meerwesen, einem Triton, mit seinem Horn. Die Leute im Schiff haben einem Menschen die Kleider vom Leib gerissen und stürzen ihn soeben über Bord. In der Tiefe aber verschlingt ihn nicht nur das Wasser, sondern ein drachenhaftes Ungeheuer.
Es ist Jona, der Mensch, der sich weigerte, zu tun, was ihm von Gott aufgetragen war, der den Leuten von Ninive hätte den Willen Gottes ansagen sollen, der jedoch wegging, „seinen Mund schloß" und an das Ende der Welt zu flüchten suchte.
Der „Drache" ist ein Bild, gewiß. Aber was das Bild zeigt, ist grauenvolle Wirklichkeit. Es gibt einen Sturz ins Bodenlose – und zwar in eine Tiefe, die den Gestürzten danach nicht mehr freigibt. Wie will ein Mensch ungeschehen machen, was er getan hat? Wie will er einfach „vergessen"? Wie will er dem schauerlichen Gefängnis seiner Vergangenheit entgehen?
Die Bibel sagt: Es kann ihm gelingen, aber nur durch eine Auferstehung. Nur dadurch, daß Gott das Ungeheuer anspricht und ihm befiehlt, Jona „ans Land zu speien" (Jona 2,11).

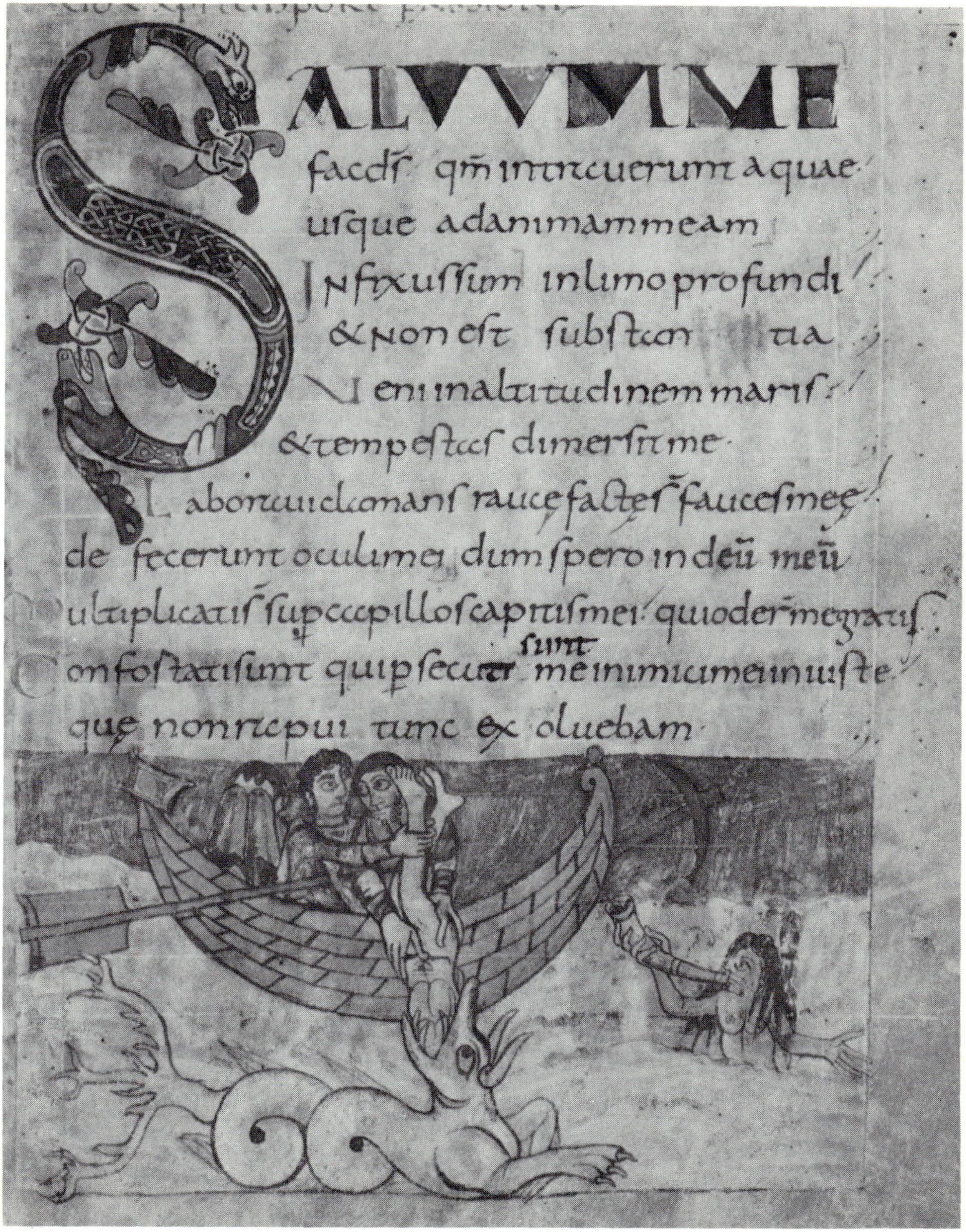
SALVUM ME
fac deus quoniam intraverunt aquae
usque ad animam meam
Infixus sum in limo profundi
et non est substantia
Veni in altitudinem maris
et tempestas dimersit me
Laboravi clamans raucae factae sunt fauces meae
defecerunt oculi mei dum spero in deum meum
Multiplicati sunt super capillos capitis mei qui oderunt me gratis
Confortati sunt qui persecuti sunt me inimici mei iniuste
quae non rapui tunc exsolvebam

Aus der Tiefe rufe ich, Herr, zu dir,
Herr, höre meine Stimme! (Psalm 130,1)

So lesen wir über dem nackten Mann, der eben ausgespien wird aus dem Rachen des Untiers. Das ganze Meer füllend wälzt es sich daher. Nur die Anrede Gottes, der auch diese Tiefe in der Hand hat, kann es veranlassen, den Gefangenen herauszugeben, während - nur schattenhaft erkennbar - ein Teufel davonläuft, einen Kranz in der Hand, der ihn als einen von aller Welt angebeteten Götzen kennzeichnet.
Aber was ist danach? Was ist nach der Auferstehung des Schuldigen? Was ist nach der Vergebung? Hat das Böse uns danach weniger gefährlich im Griff?

Der Maler zeigt die Schlange immer wieder. Sie bleibt Wirklichkeit. Um einen Baum - und der Baum bezeichnet einen Menschen - ringelt sie sich wieder, die Frucht vom Baum der

Erkenntnis von Gut und Böse im Maul. Dem Beter aber bleibt keine Kraft zum Widerstand. Er hat ihr nichts entgegenzusetzen. Er kann nur fliehen, weit weg von ihr bis dorthin, wo der Himmelsbogen sich herabwölbt und eine Hand hervorgreift: die rettende Hand Gottes. Sie sagt: Wer du bist, das kannst du nicht selbst wissen. Aber ich weiß es, das ist genug. Sie berührt die Stirn des Bittenden, und so steht der Nimbus um sein Haupt, wie um einen Heiligen. Denn ein Heiliger ist nicht ein Mensch, der das Böse hinter sich hat, sondern einer, den der heilige Gott berührt und annimmt.

Jesus aber nimmt die Geschichte von Jonas Tod im Wasser und seiner Auferstehung aus dem Wasser als Gleichnis für sich selbst (Matthäus 12,38–40) und bezeichnet seinen Tod und seine Auferstehung als seine „Taufe" (Lukas 12,50). „Ich bin getauft", schrieb Martin Luther mit Kreide vor sich auf den Tisch in einer kritischen Situation seines Lebens.

In einem seiner Bilder veranschaulicht der Maler das Stehvermögen, das der schwache Mensch gewinnen kann. Da erhebt sich ein gesunder, lebenskräftiger Baum zur Linken, von dem zwar zwei Äste abgeschnitten sind, dessen Krone aber kräftiges Laub hat. Waffenlos steht der Mann da, ohne die Chance, gegen die Schlange irgend etwas auszurichten, ohne Panzer, barfuß, und hält dem Drachen die beiden leeren, ungeschützten Hände entgegen, als sagte er: Ich brauche dich nicht zu bekämpfen. Ich brauche mich nicht zu wehren. Mich schützt ein anderer. Ich bin getauft. Drüben, hinter dir sozusagen, sehe ich den Himmel offen und eine Hand mir entgegengestreckt. Ich mache mir keine Sorgen mehr um meine Gerechtigkeit, meine Reinheit und Unschuld. Was soll das Hin und Her um meinen eigenen Zustand? Ich weiß, daß ich Gottes Kind bin, und daß ich nach diesem Leben der Kämpfe und der Niederlagen bei ihm anlangen werde.

In Versuchung

Worin aber mag dann noch die eigentliche Gefahr bestehen? Jesus sagt: Die Gefahr liegt darin, daß einer die ihm entgegengestreckte Hand aus den Augen verliert: daß er an Gott selbst irre wird. Er nennt diese Gefahr die „Versuchung". Die Gefahr ist, daß uns die Macht der Menschen so groß und die Ferne Gottes so sternenweit und unerreichbar erscheint, daß wir es aufgeben, mit seiner Nähe zu rechnen und uns nur noch auf vordergründige Mächte einstellen, auf vordergründige Hoffnungen und Ängste. „Führe uns nicht in Versuchung", sagt das Vaterunser. Damit ist gemeint: „Führe uns nicht in die Gefahr, dich zu verlieren."

Der Mann auf der vorigen Seite hat einen bewaffneten Feind, der ihn tödlich bedroht, vor sich. Und er hört die Stimme seiner Ratgeber, die zugleich seine Gegner sind: Es bleibt dir nichts, als „wie ein Vogel" in die Berge zu fliehen (Psalm 11,1).

Der einsame Gefangene auf der folgenden Seite sitzt, die Füße in den Stock eingeschraubt, und ruft nach Gott:

Herr, höre die gerechte Sache,
merke auf mein Schreien . . .
Sprich du in meiner Sache,
denn deine Augen sehen, was recht ist! (Psalm 17,1–2)

Er fordert, Gott möge eingreifen und Gerechtigkeit schaffen in dieser Welt voll schreienden Unrechts. Aber Gott erlöst ihn nicht. Er öffnet die Tür des Kerkers nicht, und dem Beter bleibt nichts, als mit Ijob zusammen zu rufen:

Wenn ich ihn auch anrufe,
so hört er doch meine Stimme nicht . . .
Geht es um Macht und Gewalt - er hat sie.
Geht es um Recht - wer will ihn vor Gericht laden? . . .
Er hat die Erde gottlosen Händen übergeben,
und er macht die Augen der Richter blind.
Wenn nicht er - wer sonst sollte es tun? (Ijob 9,16.19.24)

Aber da greift eine Hand draußen vor dem Gefängnis aus dem Himmel herab und hält dem Gefangenen eine Waage vor. Die Waage ist ausgeglichen. In meiner Hand, so scheint ihm Gott zu sagen, ist dein Recht wohlbewahrt, auch wenn dein Herz und dein Geist es nicht fassen. Der Mann im Kerker jedoch wirkt nicht überzeugt. Mit seiner rechten Hand scheint er zu sagen:

Schau mich doch an! Wo ist deine Gerechtigkeit? Und mit der linken: Schau dir doch draußen allüberall die Welt an! Wo ist deine Gerechtigkeit?
Ihm bleibt am Ende nichts – wenn er sein Geschick übernehmen und tragen und sich nicht in seinem Widerstand selbst zerstören will, als diesen Hinweis zu glauben und so mit Gott im Einvernehmen zu bleiben und also die Versuchung zu überwinden. So schließt Psalm 17 mit dem wunderbaren Wort des Gefangenen:

Ich will schauen dein Antlitz in Gerechtigkeit.
Ich will satt werden, wenn ich erwache, an deinem Bilde.

Der Dichter des folgenden Psalms klagt aus einem anderen Grunde. Er möchte seinen Weg in Frieden und unbehelligt gehen. Doch er erlebt, wie ihn irgendwelche Menschen zu Fall bringen wollen:

Bewahre mich, Herr, vor der Hand der Gottlosen,
behüte mich vor den Gewalttätigen,
die mich zu Fall bringen wollen . . .
Die Anmaßenden legen mir Schlingen,
sie breiten Stricke aus zum Netz
und stellen mir Fallen auf den Weg . . .
Ich aber sage zum Herrn: Du bist mein Gott. (Psalm 140,2.6–7)

Das Dasein – das zeigt der Maler des Stuttgarter Psalters immer wieder – hat drei Zonen: die Zone der Gefahr und des Todes, die hier in bläulichem Schwarz gehalten ist; die Zone Gottes oder des Himmels, in hellem Gelb wiedergegeben oberhalb der blauen Wellenlinie, des atmosphärischen Himmels; und dazwischen die Zone des Glaubens und der Bewährung, aber auch der Bewahrung, dargestellt in dunklem Rot.
Zwischen zwei schwarzblauen Bergen steht ein einsamer Mann. Hinter ihm kauern zwei kleinere Menschen, die heimlich hinter ihm herschleichen und ein schweres Seil, das sie ausgelegt haben, an seinen Enden fassen, um es zusammenzuziehen, sobald er dazwischentritt.
Er sieht die Gefahr und ruft, die Hand an den Himmelsrand hebend, nach einem schützenden Eingreifen Gottes. Er ist nicht Christus, obwohl die Gesichtszüge es nahelegen. Er trägt nicht den Kreuznimbus. Aber es ergeht ihm wie Christus, und er beruft sich darauf, daß er „in Christus" sei und „Christus in ihm".
Indem der Beter zwischen die schwarzen Hügel tritt und mit der Hand den Himmelsrand anrührt, gewinnt er mitten in der Gefahr

seine Freiheit wieder. Der goldene Nimbus rückt ihn in die Zone Gottes, obwohl seine Füße noch vom Seil umzingelt sind. Woher die Gefahr rührt, darf offen bleiben. Es brauchen nicht Menschen zu sein, die ihn zu Fall bringen wollen. Die Bedrohung kann auch aus ihm selbst kommen, als die stets gegenwärtige Gefahr, an Mächte zu glauben, die die Geschichte der Welt und seine eigene Lebensgeschichte entscheidender beeinflussen als Gott. Mitten in dieser Gefahr aber ist seine Hand frei, den Himmelsrand zu berühren.

An ihren äußersten Punkt kommt die Gefahr, die Gegenwart Gottes, seine Nähe, seine Wahrheit zu verlieren, in Christus selbst. Der 22. Psalm klagt:

Hunde haben mich umgeben,
die Rotte der Bösen hat mich umringt,

Ipsi uero considerauerunt & inspexer- me
diuiser- sibi uestimenta mea & sup uestem meam
mi serunt sortem
Tu autē dn̄e ne elongaueris auxiliū tuum
a defensionē meam conspice

sie haben meine Hände und Füße durchgraben . . .
Sie teilen meine Kleider unter sich
und werfen das Los um mein Gewand.
Aber du, Herr, sei nicht ferne!
(Psalm 22,17.19–20)

Der Schreiber tut, was die Kirche seit ihren Anfängen getan hat: Er bezieht den Psalm auf Jesus Christus und die Versuchung, die ihn bedrohte. Der Beter des Psalms ruft: „Du, Herr, sei nicht ferne!" Und Jesus: „Mein Gott, warum hast du mich verlassen?"
Der 22. Psalm klagt über alles, was Menschen je Schmerzen bereitet hat: über Armut und Leiden, über Bedrohung und Quälerei, über Spott und Einsamkeit und falsches Gericht, im Kern aber über das Urleiden der Gottverlassenheit.
Aber es will scheinen, als habe dieser Christus die Gefahr hinter sich. Er schwebt mehr am Kreuz, als daß er hinge. Zwei wilde Tiere, ein Einhorn, also ein Unterwelttier, und ein Löwe, der Vertreter der brutalen Gewalt, springen am Kreuz hoch. Am unteren Bildrand sitzen zwei Männer. Der linke will eben mit einem Messer den Rock zerschneiden, während der andere ruft: „Nein! Wir wollen um ihn losen!" Links aber steht der Hauptmann und deutet auf Christus: „Dieser ist ein gerechter Mensch und Gottes Sohn gewesen!"
Bei der Darbringung Jesu im Tempel sagte der greise Simeon zu Maria: „Dieser wird gesetzt zum Fall und zum Auferstehen vieler . . ." (Lukas 2,34), und für uns stellt sich die Frage, was „am Kreuz auferstehen" bedeute. Vielleicht heißt es für den Maler in seiner Zelle: Last und Angst in Geduld weitertragen. Geduld – das Wort meint die Kraft, unter einer Last zu bleiben und zu wissen, daß die Stunde kommt, sie abzulegen.
Wer am Kreuz „aufersteht", weiß: Auferstehung ist so gewiß wie der Tod. Auferstehung ist das Ende der Gefahr, Gott zu verlieren. Auferstehung ist endgültiges Sein in Gott.

Erlösung

Erlöse uns von dem Bösen", so fährt das Vaterunser fort. Drei Reiter mit Spießen – der vorderste richtet die Spitze nach vorn – füllen fast das ganze Bild. Das ist unsere Welt, will der Maler sagen. Nach allen Richtungen, nach unten, nach oben und nach vorn zücken die scharfen Spitzen, und ein unbewaffneter Mensch flieht. Sein Umhang weht ihm hoch von der Schulter, und das Merkwürdigste: Die Hand Gottes greift aus dem Himmelsbogen und schützt ihn nicht, sondern gibt ihm die Richtung der Flucht an. Das bedeutet aber für den Flüchtenden: Er hat keinen Raum auf dem Bild, er springt über den Rand hinaus, den Rand der Welt, in der er doch eigentlich seinen Ort hätte.

„Erlöse uns von dem Bösen", das klingt, als gehe es dabei um unsere persönliche Erlösung. Aber im Kern meint diese Bitte nicht uns. Hier geht es um mehr. Es geht um das Geschick der Menschheit, der Welt, das Schicksal auch von Recht und Glauben, das Schicksal aller Versuche von Menschen, in Gottes Namen auf dieser Erde etwas Gerechtes zu tun. Das Bild auf der folgenden Seite führt uns in dieser Richtung weiter.

Ach Herr", so liest der Schreiber im 3. Psalm,
„wie sind meiner Feinde so viel
und widerstehen mir so viele!
Viele sagen mir: Er hat keine Hilfe bei Gott! . . .
Ich aber rufe mit meiner Stimme zu Gott,
und er erhört mich von seinem heiligen Berg.
Ich liege und schlafe und erwache,
denn der Herr hält mich."

Unter dem Schlafenden in der linken Bildhälfte lesen wir:

Unsere Hilfe ist Sache des Herrn.
Dein Segen komme über die Völker. (Psalm 3,9)

Auf der rechten Seite aber kauert Christus auf der Erde und legt Gott seine Angst vor. Mit einer übergroßen Hand breitet er alles aus. Sollte dies der Weg sein, den Gott ihm zu gehen gebietet? Da kommen die Krieger, die Richter und die Folterknechte und füllen gleichsam das Bild, wie die drei Reiter auf dem vorigen. Gott aber will, daß Christus aus der Welt geht, während doch seine Sache, das Reich, so gar keinen Raum gewinnen konnte. Wie soll er zusammenbringen, daß da der Wille des Vaters geschieht, während dies doch die „Stunde der Feinde und der Macht der Finsternis" (Lukas 22,53) ist?

Der Maler wagt diesen unerhörten Kontrast: Während Jesus im Garten Getsemani sich ängstigt, schläft ein anderer im tiefen Frieden, umringt von Feinden, die alles zerstören werden, was er im Namen Gottes hatte tun wollen. Er schläft, er überläßt Gott den Kampf, den er selbst führen müßte. Wenn der Psalm – für unseren Geschmack ein wenig rauh – davon spricht, Gott werde den Gottlosen die Zähne einschlagen (Psalm 3,8), bedeutet dies gewiß so viel, daß der Beter, der diesen Wunsch heimlich in sich trägt, nicht selbst zuschlagen wird. Es geht ja auch nicht um ihn selbst. Es geht zuletzt um Gottes Sache, und für die ist allein Gott verantwortlich, und niemand hat das Recht, in dieser Welt um der Sache Gottes willen zu einer Waffe zu greifen. Es geht nicht um einen Sieg über irgendwelche Feinde, sondern um unser aller Erlösung vom Bösen.

Merkwürdig ist, daß der Mann zur Linken einen Nimbus trägt, Christus selbst aber zur Rechten nicht. Das Bild meint offenbar den seltsamen Tausch, der darin liegt, daß Gott selbst in der

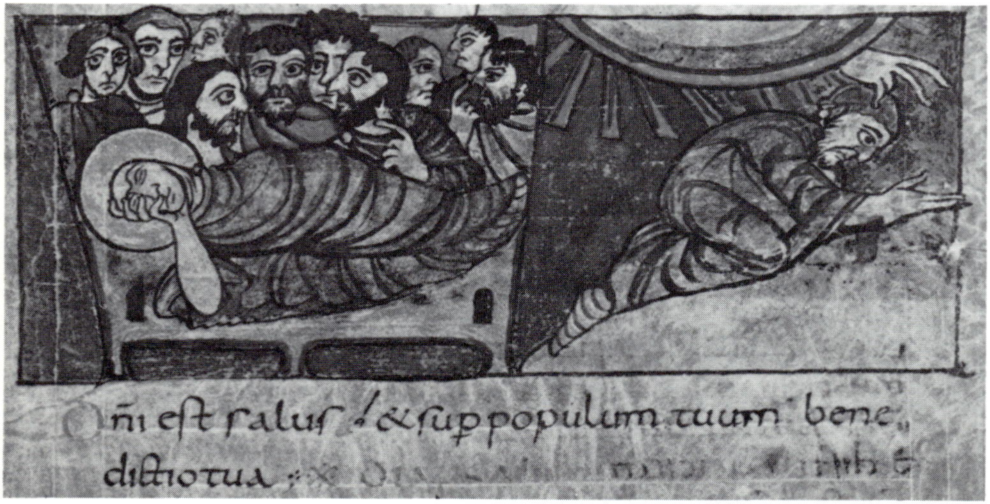

Gestalt eines Menschen in diese Welt hereinkommt, herab bis auf jene unterste Sohle, auf der einer nach dem Sinn seines Lebens fragt oder nach einem Zeichen von Gott schreit, und daß eben dadurch der Mensch erlöst wird von seinem überwachen Starren ins Finstere und den Frieden findet, den er braucht, um einzuschlafen.

Noch einmal zeichnet der Maler seine Bitte um Erlösung (s. Seite 54). Da klagt ein Psalmdichter über die Verödung des heiligen Gartens, den Gott unter den Menschen und in den Menschen angelegt hatte:

Du Hirte Israels, höre!
Der du dein Volk hütest wie Schafe . . .
Du hast einen Weinstock . . . eingepflanzt.
Du hast ihm Raum geschaffen,
hast ihn wurzeln lassen, und er füllte das Land . . .
Warum hast du nun seine Mauer zerbrochen,
so daß jeder, der vorbeigeht, seine Früchte abreißt?
Es haben ihn zerwühlt die Wildschweine
und die Tiere des Feldes ihn abgeweidet . . .
(Psalm 80,2.9.10.13–14)

Ein Bündel Weinstock-Setzlinge kommt von oben ins Bild. Die Männer mit ihren Hacken setzen sie in den Weinberg. Segnend greift die Hand Gottes aus dem Himmel. Es ist ein Bild harter Arbeit, deren Sinn und Frucht aber offenkundig sind.

Wenn in der Kirche in vergangenen Jahrhunderten ein Ketzer auftrat, rief die Obrigkeit mit eben diesen Worten zum Kampf gegen ihn auf: „Hilf Herr! Ein Wildschwein verwüstet deinen Weinberg!"

&plantasti radices eius &impleuit terram
Operuit montes umbra eius & arbusta ei cedros di
Extendit palmites suos usque ad mare
&usque ad flumen ppagines eius
Ut quid destruxisti macheriam eius & uindemiant
eam omnes qui pretergrediuntur uiam
Exterminauit eam aper de silua
&singularis ferus depastus est eam

Indessen waren es meistens weniger die Ketzer, unter deren Lehre der Weinberg der Kirche verödete. Häufig waren es die Hüter des Gartens selbst. Wenn wir rufen: „Erlöse uns von dem Bösen!" dann ist der Zustand der Gemeinde Gottes eines der Bilder, die uns am meisten quälen. Wenn Bosheit, Rechthaberei, Torheit und Herzenskälte in der Kirche Jesu Christi eine solche Macht sind, eine solche „Macht der Finsternis", was wollen wir dann ausrichten gegen alle die „Wildschweine", die das Leben der Menschen sonstwo auf der Welt, im „Garten Gottes" zur Hölle machen?
Da nützt es denn auch nicht viel, sich in aller Gelassenheit zum Schlaf niederzulegen, sondern mehr schon, mit dem wachenden Christus wach zu sein, der Finsternis gegenüber vornehmlich, die in uns selbst am Werk ist und das Werk Gottes zerstört, und zu bitten: „Erlöse uns!"

Noch einen Schritt weiter führt uns eines der großartigsten Bilder des Stuttgarter Psalters (s. Seite 56):

Kommt her und sehet an die Werke Gottes,
der so wunderbar ist in seinem Tun an den Menschenkindern.
Er verwandelt das Meer in trockenes Land.
Zu Fuß werden sie durch das Wasser gehen. (Psalm 66,5–6)

Der Psalm erinnert an die Geschichte vom Durchzug der Söhne Israels durch das Meer auf ihrer Flucht aus Ägypten (Exodus 13,17–14,31). Mose nimmt seinen Stab, schlägt das Meer, das Meer teilt sich, und das Volk geht auf dem trockenen Grund hindurch.
Aber das Bild verändert die Geschichte. Einmal dadurch, daß an der Stelle des Mose, der seinem Volk vorauszieht, Christus erscheint. Der hat nicht den Stock bei sich, mit dem er das Meer

schlägt, sondern den Stab des Kreuzes. Und er trägt das Wort voran, vor dem das Meer still wird.

Zum anderen verändert der Maler den Vorgang selbst. Christus geht nicht zwischen den Wassern. Er spaltet das Meer nicht, sondern geht auf ihm. Über die Geschichte vom Durchzug durch das Meer ist die andere Geschichte gelegt, wie Christus auf dem Galiläischen Meer, auf dem Wasser gehend, seinen Jüngern erscheint als der Herr über das Meer und den Wind (Markus 6,45–52). Der Unterschied liegt darin, daß Mose das Meer noch schlagen mußte, daß Mose noch den Stock als Zeichen der Herrschaft Gottes brauchte, daß aber Christus unbewaffnet auf dem Meer geht und das Meer ihn trägt. Es ist kein Kampf gegen die Elemente mehr nötig. Kein Kampf gegen das Böse. Kein Kampf gegen den Tod. Kein Kampf gegen irgendwelche Mächte dieser Welt. Es ist auch der Kirche kein Kampf aufgetragen. Ihr ist aufgetragen, das Evangelium in aller Wehrlosigkeit zu sagen und damit hinter dem Christus herzugehen.

Dein das Reich

Die Hoffnung auf ein ewiges Reich des Friedens und der Gerechtigkeit reicht viele Jahrhunderte vor Jesus Christus zurück.

Gott spricht:
„Ich habe meinen Knecht David erwählt
und ihn gesalbt mit heiligem Öl . . .
Ich will ihn zum erstgeborenen Sohn machen,
zum Höchsten unter den Königen auf Erden . . .
Sein Geschlecht soll ewig bestehen
und sein Thron vor mir bleiben wie die Sonne
und wie der Mond, der ewig bleibt."
(Psalm 89,21.28.37–38)

Da sitzt also David, der König, auf seinem Thron, das Schwert auf den Knien. Er schaut zu der Hand hinüber, die aus dem Himmelsbogen greift, und hört: Deine Macht soll ewig bestehen. Links steht der Leibwächter und hält seinen Schild neben den Thron als lichte Sonne, rot und strahlend, das Symbol für die Leuchtkraft und Beständigkeit der Herrschaft Davids. Aber dieses Reich ist vergangen. Und als Christus in der Wüste vor der Frage stand, ob er die Macht über alle Reiche der Welt gewinnen solle, da hätte er sich vor der Macht der Finsternis niederwerfen müssen. Aber er lehnte ab mit dem Wort: „Du sollst Gott allein dienen" (Matthäus 4,10). So ziehen sich auf dem rechten oberen Bild die dunklen Gestalten nach links in den Abgrund zurück, während die Symbole falschen Glanzes verloren am Hang des Berges herumliegen. Von rechts aber treten Engel herzu und bringen Christus auf den Händen eine Kugel: die Welt, das Reich. Bedeutet dies nicht, daß nur der, der sich vor der Macht nicht niederwirft, auf die Dauer Macht ausüben wird? Daß nur, wer „Löwen und Drachen" nicht in seinen Dienst stellt, am Ende „auf Löwen und Drachen stehen" wird? (Vgl. Psalm 91,13.)

Mit dem Wort von Gott in der linken Hand tritt der jugendliche Christus, der Ritter, wie ihn der Maler liebte, der Macht der Finsternis entgegen, und nur dieses Wort wird seine Waffe sein. Der Kampf ist freilich nicht beendet. Während der gewappnete Christus ruhig und gesammelt in die Ferne sieht, so als läge der Kampf weit hinter ihm, sind die beiden Tiere noch keineswegs überwunden. Der Löwe ist so lebendig wie eh und je. Er kann jeden Augenblick aufspringen. Die Schlange braucht sich nur um eine halbe Drehung auf die Seite zu wälzen, und der frei auf ihr stehende Kämpfer stürzt herab.
Das Bild wirkt siegesgewisser, als es ist. Denn wo in aller Welt ist die Macht der Finsternis je wirklich niedergetreten worden? Die auszogen, für das Licht zu kämpfen, haben in aller Regel auch

Qm angelis suis mandauit te
ut custodiant te in omnibus uiis tuis
In manibus portabunt te
ne forte offendas ad lapidē pedem tuum
Sup aspidem & basiliscum ābulabis
& conculcabis leonem & draconem

die Schatten tiefer gemacht und sei es nur dadurch, daß sie meinten, für das Licht „kämpfen" zu müssen. Im Grund ist dieses Bild nur dann wahr, wenn uns der Christus vor Augen steht, der aus dem Tod auferstand, der das Böse überwand dadurch, daß er es durchlitt. Wer das Reich ersehnt, wird damit rechnen, daß auch ihm kein anderer Sieg beschieden sein wird als der, den Christus erlangte. Er wird dort stehen, wo Christus steht, und er könnte es niemals wagen, ohne ihn dort stehen zu wollen: auf den Köpfen von Löwen und Schlangen.

Und doch ist das „Reich" größer und gegenwärtiger. Wo leben denn die Menschen, die in der „Fremde" sind, und wo ist Gott, wenn Menschen befürchten, er sei „ferne" von ihnen?

An den Flüssen Babylons saßen wir und weinten,
wenn wir an Zion gedachten.
An die Weiden dort hängten wir unsere Harfen . . .
(Psalm 137,1–2)

Abgeschnitten von ihrer Heimat, abgeschnitten vor allem auch von dem Tempel, in dem sie sich der Nähe Gottes gefreut hatten, sitzen hier zwei gefangene Judäer am Wasser. Der eine stützt den Kopf in die Hand und schaut ins Leere, wo irgendwo die Heimat, der Tempel, wo vor allem irgendwo Gott sein muß. Ein zweiter sucht eben mit dem Anführer eines Volkshaufens zu reden, der Unbilliges von ihm verlangt.

Offenbar stört es die Babylonier, daß hier Leute sitzen, die ihrer Trauer nachhängen und sich nach etwas sehnen, das ihnen das reiche Babylon nicht geben kann. Trauernde sind Fremdkörper. Wenn die beiden nicht bald ihre Trauer fahren lassen und bereit sind, sich an diesem Ort unter den anderen zu Hause zu fühlen, wird der Mann sein Schwert ziehen. Er will keine Koexistenz mit Leuten, die gefährlichen Hoffnungen nachhängen.
Eins aber geschah damals in Babylon: Die machtlosen und gefangenen Judäer entdeckten, daß Gott ein Gott der ganzen Erde, ja der ganzen Schöpfung sei und sein Reich ohne Grenzen. Sie entdeckten, daß sie auch in der Fremde „in dem waren, was ihres Vaters ist" (Lukas 2,49), daß also sein das Reich ist.

Dein die Kraft

Der Schreiber dieser Bilderhandschrift las die Psalmen mit einer bemerkenswerten Konsequenz immer wieder mit den Augen eines Menschen, der von Jesus Christus weiß. Er sah, daß es für einen fragenden und suchenden Menschen keinen Halt gibt außer Christus, wenn der Mensch unter der Macht seiner eigenen und der fremden Finsternis nicht zugrunde gehen soll. So geht er hinter Christus her, kämpft mit ihm zusammen, bemüht sich, mit ihm und an ihn zu glauben.
Er kommt freilich, seine Bilder zeigen es, immer wieder an die Grenze seiner Kraft. Und immer wieder wünscht er sich einen gewaltigen Engel, wie den auf dieser Seite, der, in seiner prächtigen Erscheinung sich als von Gott bevollmächtigt erweisend, mit mächtigen Flügeln und unerbittlicher Kraft auf die Erde tritt und

die dunklen Geister allesamt in die Flucht schlägt. Wenn aber der Engel nicht kommt? Da malt der Schreiber von St. Germain des Prés eines seiner großartigsten Bilder (s. Seite 64). Wenn er schon selber die Grenze seiner Kraft spürte, sollte er dann seine geringe Kraft dazu anwenden, gegen mächtige Dunkelheiten vergeblich anzukämpfen, oder nicht vielmehr dazu, Gott zu preisen um seiner göttlichen Kraft willen? Er liest den 30. Psalm:

Ich will dich preisen, Herr,
denn du zogst mich empor aus dem Abgrund
und ließest nicht zu, daß meine Feinde
Siege über mich feiern!
Herr, mein Gott, als ich zu dir schrie,
da machtest du mich heil.
Von den Toten holtest du meine Seele zurück,
riefst mich ins Leben mitten aus der Menge der Toten . . .

Verwandelt hast du meine Klage in einen Reigen,
gelöst das Trauergewand und mich mit Freude umkleidet,
daß dir singe mein Herz, daß es nicht schweige,
auf daß ich dir, Herr du, mein Gott, danke in Ewigkeit.

David, der Psalmsänger, steht im Tempel und singt sein Lied zur Harfe. Die Linke faßt das Instrument, die Rechte schlägt die Saiten an. Aber merkwürdig – dieser David hat gar keine Harfe zur Hand. Er spielt in der bloßen Luft, als hätte er ein Instrument vor sich.
Mit einer Kraft, die er gar nicht hat, die er allenfalls in diesem Augenblick empfängt, preist er Gott, und er ist selbst das Instrument, auf dem er spielt. Er macht die Erfahrung, die auch andere in ihrer Kraftlosigkeit immer wieder machen, daß es nicht auf die Kraft ankommt, die ihnen zur Verfügung steht, und daß die

eigentlichen Mühen mit ihr nicht zu bestehen sind. Sie erfahren, daß sie, die in der Dunkelheit ihrer eigenen Kraftlosigkeit sitzen, nur ein wenig zur Seite rücken müssen, so, daß neben ihnen Raum entsteht für Christus und daß dann das Befreiende geschieht, zu dem ihnen die Kraft gefehlt hatte.
„Dein ist die Kraft", heißt es im Vaterunser. Kein Mensch wird von Gott an seiner Kraft gemessen, denn die Kraft ist Gottes.

Die Worte von Psalm 18 legt der Maler aus, indem er Christus im großen Symbol der Herrschaft darstellt:

Ich will dich erheben, Gott, meine Stärke,
mein Fels, meine Burg, mein Retter!

Mein Hort, zu dem ich flüchte,
mein Schild, mächtiges Zeichen des Heils!

Als ein Durchbohrter rief ich zu Gott
und wurde von meinen Feinden befreit.
Von Wogen des Todes war ich umgeben,
von Strömen des Unheils erschreckt,
von des Totenreiches Banden war ich umschlossen,
in Fallen des Todes gefangen.

In meiner Not rief ich zum Herrn
und schrie zu meinem Gott.
Da hörte er aus dem Tempel mein Rufen,
mein Schrei erreichte sein Ohr. . .
Er griff nach mir aus der Höhe,
er faßte mich, er zog mich aus großen Wassern
und rettete mich vor mächtigen Feinden,
vor meinen Hassern, die mich bedrängten.
Am Tag meines Unheils bezwangen sie mich,
aber er half mir und machte mich stark.
Er führte mich heraus in die Weite,
er riß mich heraus, denn ich war ihm lieb . . .

Ja, der Herr ist mein Licht!
Mein Gott erhellt mir das Dunkel!
Mit ihm erstürme ich Mauern,
mit Gott überspringe ich Wälle . . .
Wer ist göttlich, wenn es nicht Gott ist?
Wer ist ein Fels, wenn nicht unser Gott? . . .
Er macht meine Füße den Hirschen gleich
und leitet mich hoch auf die Berge . . .
(Psalm 18,2–7.17–20.29–30.32.34)

Christus thront auf dem Erdberg als Richter und als Herr, vor dem Hintergrund eines doppelten Rundschilds. Den halten zwei Engel in unnachahmlicher Grazie des Fliegens und Schwebens. Die Menschen aber verehren ihn, und der Gegner steckt sein Schwert in die Scheide.
Sein ist die Kraft. Der Mensch aber tut wohl daran, den Kampf für oder gegen ihn, gleichviel, einzustellen und die geringe Kraft zu empfangen, die ausreicht, um ein Glaubender und ein Liebender zu sein.

Dein die Herrlichkeit

Herrlichkeit - das Wort bereitet heute vielen Menschen Schwierigkeiten. Es wirkt so, als hänge, was die Bibel damit sagen will, mit männlicher Herrschaft zusammen, und es wird immer mehr Frauen geben, die fragen, ob denn Gott ein Gott der „Herren" sei. Aber das Wort heißt nur im Deutschen so. Im Hebräischen und im Griechischen bedeutet es soviel wie „Glanz", „Schönheit", „Lichtfülle", auch „Gewicht", „Dichte des Seins und des Wesens".
Das Volk der Bibel schaute diese Fülle göttlicher Gegenwart in seinem Tempel. Es empfand, wo das Licht, der Glanz, die Dichte Gottes so gegenwärtig sei, da stehe der Mensch auf festem Grund, da lebe er geschützt und aus lebendiger Kraft, da könne der angefochtene, auch der leidende Mensch, Ja sagen zu seinem Dasein und zu Gott.

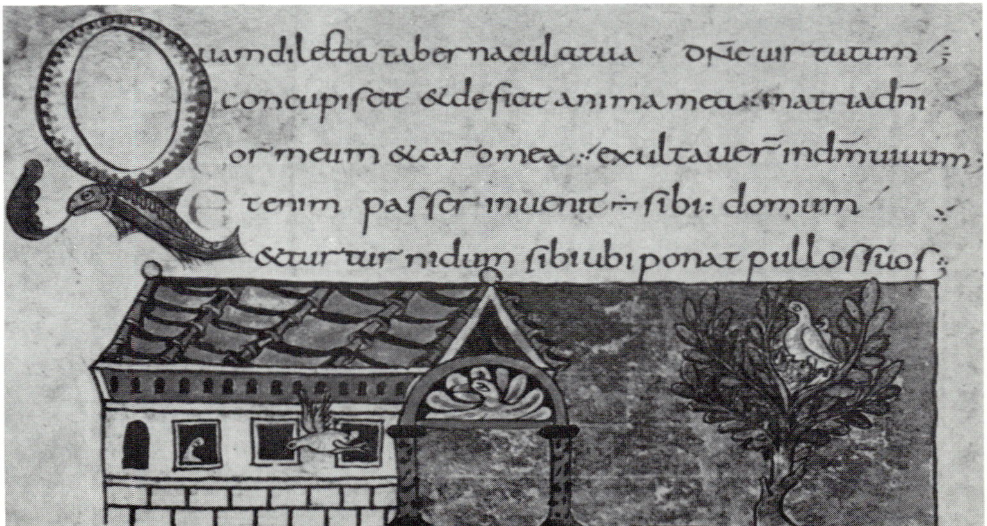

So sagt der 84. Psalm:

Wie liebenswert ist dein Haus,
Herr der Heerscharen!
Meine Seele verlangt und sehnt sich
nach dem Tempel des Herrn.
Mein Leib und meine Seele freuen sich
in dem lebendigen Gott.
Denn der Vogel hat ein Haus gefunden
und die Schwalbe ein Nest für ihre Jungen:
deine Altäre, Herr Zebaot,
mein König und mein Gott! –

Und der Schreiber malt einen kleinen Tempel und einen Baum und darin, so gut ihm eben Vögel gelingen wollen, die Schwalben, die dort nisten.

Soll er aber Gott darstellen und seine „Herrlichkeit", dann nimmt Gott für ihn unversehens die Gestalt des Christus an. Dann wird er ihm zu dem Mann, der auf dem Esel reitend in seiner Stadt und seinem Tempel einzieht, verehrt von den Menschen, die ihm Palmzweige entgegentragen und Kleider vor die Füße breiten. „Ich bin das Licht", sagt Christus. „Wer mich sieht, sieht den Vater" (Johannes 8,12; 14,9). Das ist seine Herrlichkeit. Und die ist, sagt das Vaterunser, Gottes und keines Menschen. Das Bild vom einziehenden Christus legt den 8. Psalm aus:

Herr, unser Herrscher,
wie herrlich bist du in aller Welt!
Du hast den Menschen
nur um ein weniges niedriger gemacht
als ein himmlisches Wesen.

Herr, unser Herrscher,
wie herrlich bist du in aller Welt!

Niemand hat je Großartigeres über den Menschen gesagt als der 8. Psalm: daß er ein Herr der Erde und wenig niedriger sei als ein Engel, der Gott schaut.

Aber nun geht der Maler einen Schritt weiter. Da machen Menschen - und vielleicht er selbst - die Erfahrung, daß diese Fülle des Seins sie plötzlich umgibt und ein Wunder geschieht, eine Rettung. Ein Flug gleichsam hoch über allen Erfahrungen eines langen mühseligen Lebens. Psalm 37 schreibt:

Vom Herrn kommt es,
wenn eines Menschen Schritt fest wird,
und er hat Gefallen an seinem Wege.
Fällt er, so stürzt er doch nicht,
denn Gott hält ihn fest bei der Hand.

Und so entsteht wieder eines der erstaunlichen Bilder dieses Buches: Zwei finstere Männer verfolgen zwei andere. Der erste der Verfolgten ist bereits gestürzt und liegt hilflos in einem Tal. Während die beiden aber nach dem anderen greifen wollen, überfliegt dieser die Schlucht, in die der erste gestürzt ist, oder besser: Er wird von der Hand Gottes, die aus dem Himmelsbogen herausgreift, über die Schlucht hinweggerissen, frei fliegend.

Unten links aber stehen Menschen, die wiederholen, womit Psalm 37 fortfährt:

Ich bin jung gewesen und alt geworden
und habe noch nie den Gerechten verlassen gesehen.

Sie staunen über das, was sie sehen, und sie staunen über ihre eigene Erfahrung, die sich dabei kristallisiert. Sie erkennen: Nur wo wir zuschauen, was Gott tut, wird die Gefahr, welcher Art sie immer sein mag, überwunden. Gott reißt den Christus hinüber über den Abgrund des Todes und mit ihm die, die ihm zugehören und ihn bezeugen. Die dann sagen können: „Wir sahen seine Herrlichkeit, eine Herrlichkeit, wie sie nur der hat, der ein Sohn des Vaters ist. Eine Herrlichkeit, in der die Wahrheit und Freundlichkeit Gottes aufscheint" (vgl. Johannes 1,14).

Mit einer unglaublichen Geste des freien Flugs ist hier Auferstehung gemalt: Seinsfülle aus Gott über Tod und Grab hinaus. Gefordert aber ist von den Menschen, die hier zuschauen, das Wagnis, nun alles auf diesen Glauben zu setzen, bereit zu sein, daß ihnen Gott gleichsam die Füße wegzieht und sie zu sich herüberreißt, damit das einzig Wichtige geschehen kann: Überwindung des Todes, des Bösen und aller seiner Macht.

In Ewigkeit

Ich stelle mir vor, daß der Schreiber in seinem Kloster, draußen vor den Mauern von Paris, gerade angesichts so großer Gleichnisse immer wieder empfand, was jeder Glaubende empfindet: Wie gering unsere Fassungskraft ist für den ungeheuren Gedanken eines Gottesreiches im Himmel und auf Erden. Gleiten denn

unsere Versuche, zu verstehen, nicht immer wieder ab? Bleibt bei allem Begreifen nicht immer ein undurchdringlicher Rest? Greifen unsere Hände nicht immer wieder ins Leere?
Am Ende des Vaterunsers steht: „In Ewigkeit. Amen." Amen heißt nicht: Hier ist das Gebet zu Ende. Sondern: Was da gesagt ist, steht fest. Amen heißt: Hier enden die Zweifel und die Fragen. Hier endet die Unsicherheit. Was da ewig ziellos hin und her fließt an Vermutungen, Hoffnungen und Ängsten, wird in klare Grenzen eingefaßt. Ja und Nein sind nicht austauschbar. Hier steht ein Ja, wir aber sollen und können zu diesem Ja in aller Entschiedenheit stehen.

Eines der schönsten Bilder seines Buches malt der Schreiber zum 23. Psalm:

Der Herr ist mein Hirte,
mir wird nichts mangeln.
In einer reichen Aue ist meine Weide,
frisches Wasser quillt mir,
wo immer er mich hinführt.
Er erquickt meine Seele.
Er führt mich auf rechten Wegen,
denn er ist mein Gott.

Und wenn ich im finstern Tal wandre,
fürchte ich doch kein Unheil,
denn du bist bei mir.

Und hier steht nun der „Hirte" zwischen zwei Bäumen in einer düsteren Landschaft, im „Tal der Todesschatten", wie es eigentlich heißt. Der linke Baum scheint in einen tiefen Schatten getaucht, der rechte wirkt frischer in seinem lichteren Grün. Er steht am Wasser, hat also Leben und Nahrung. Er ist der Baum, der auch an anderen Stellen der Bibel ein Gleichnis ist für einen von Gott gesegneten Menschen. Aber gerade um diesen frischen, gesunden Baum windet sich eine Schlange, wie um seine Lebenskraft abzuwürgen. Sie fährt mit geöffnetem Maul drohend auf den Hirten zu. Der aber hält den Kreuzstab. Der Maler sagt damit: Was mich im Tal der Todesschatten leitet und tröstet, das ist nicht irgendein Hirtenstab, sondern das Kreuz. Sehe ich das Kreuz an, dann weiß ich, daß die Schlange mich nicht bedroht. Denn dieser Christus bekämpft die Schlange nicht, und ich, der mit ihm im finsteren Tal ist, brauche es auch nicht zu tun, weder außer mir, noch in mir selbst.

Dieser Christus blickt über die Schlange hinweg und hält ihr, ohne sie weiter zu beachten, die wehrlose, offene Hand entgegen. Er geht an ihr vorbei und führt die Seinen auf dem Weg durch das Tal zu ihrer Weide und zum frischen Wasser, das hier als ein starker, klarer Strudel aus einem Felsloch quillt. Indem ich, sagt der Maler, die Bedrohung annehme und auf den Hirten sehe, statt auf die Schlange, werde ich von der Bedrohung frei. Indem ich gerade als streitbarer, wehrhafter Mensch meinen Kampf beende, gewinne ich die Freiheit, die Christus hat.
Vielleicht ist es Absicht, daß der Maler Christus hier nicht mit dem Kreuznimbus kenntlich macht, sondern ihm den einfachen Goldkreis um das Haupt legt. Er sagt damit: Dieser Christus war ein Mensch wie du, und er will nun nicht nur dein Herr sein, er will vielmehr in dir selbst entstehen. Das Kreuz ist im Grunde das Amen. Es steht in der dunklen Landschaft aufrecht, klar, leuchtend. Darauf, so sagt der Maler sich selbst und dem Betrachter seiner Bilder, verlasse dich. Es gibt keinen anderen festen Punkt, auf den du zugehen könntest, wenn es wirklich dunkel wird, als dieses Zeichen der Liebe Gottes und der Auferstehung aus jeder Art Tod in das bleibende Leben.

Gegen Ende seines Buches malt der Schreiber uns noch ein besonders rührendes und liebliches Gleichnis. Da liest er in Psalm 131:

Herr, mein Herz will nicht Ansehen, nicht Macht.
Meine Augen schauen nicht nach Ruhm
und nicht nach Reichtum aus.
Ich gehe nicht mit großen Plänen um
und nicht mit Träumen über Dinge,
die mir unerreichbar sind.

Ich habe mein Herz still gemacht,
und Frieden ist in meiner Seele.
Wie ein gestilltes Kind,
das bei seiner Mutter schläft,
Wie ein gesättigtes Kind,
so ist meine Seele still in mir.

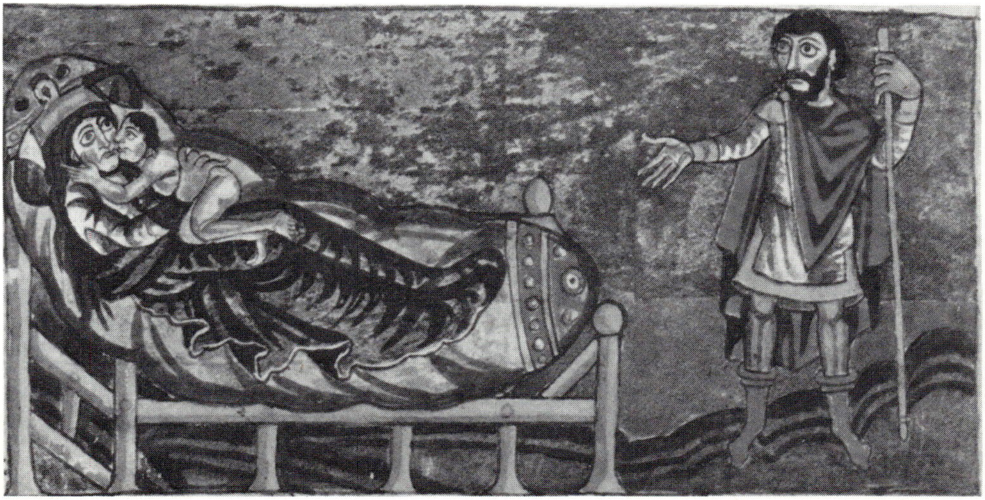

Da steht ein Mann mit einem langen Wanderstock. Er ist offenbar nicht zu Hause, sondern unterwegs. Aber im Vorbeigehen weist er mit großer Handbewegung auf ein Kind, das in den Armen seiner Mutter liegt, als wolle er sagen: Ich bin ein Mensch auf dem Weg, der alle Gefahren kennt, die von außen und die von innen, aber ich kenne auch die guten Stunden voll tiefen Friedens, in denen ich den Psalm nachsprechen kann: „Frieden ist in meiner Seele." Ich werde danach immer wieder unterwegs sein, so lange mein letztes Ziel nicht erreicht ist. Aber dieses Bild bleibt mir: „Wie ein gestilltes Kind, das bei seiner Mutter schläft, wie ein gesättigtes Kind, so ist meine Seele still in mir." Und ich nehme die Stille als eine Vorahnung jener Geborgenheit, die mir Gott nach diesem bewegten Erdendasein zugedacht hat. Als einen Trost, den ich mit mir nehme wie den festen Stab, mit dem ich unterwegs bin.

Seite 6
Einzug Davids in Jerusalem
(zu Ps 47,2)

Seite 8
Musikanten (zu Ps 73,1)

Seite 10
Schreibender Dichter

Seite 11
Der Herr ist mein Licht
(zu Ps 27,1)

Seite 12
und Umschlag
Der Herr hört mich
(zu Ps 116,1-4)

Seite 15
Tag und Nacht reden miteinander (zu Ps 19,2.5)

Seite 17
Christi Himmelfahrt
(zu Ps 19,6-8)

Seite 19
Wie ein Schild umgibt dich seine Wahrheit (zu Ps 91,4-6)

Seite 21
Majestas Domini (zu Ps 18,11)

Seite 23
Anbetung der Könige
(zu Ps 72,10)

Seite 25
Verkündigung an Maria
(zu Ps 72,6-7)

Seite 27
Christus und das Gesetz
(zu Ps 1,1-3)

Seite 29
Pflügender Bauer
(zu Ps 107,37)

Seite 31
Mit Tränen säen (zu Ps 126,6)

Seite 33
Was betrübst du dich, meine Seele (zu Ps 43,4-5)

Seite 35
Elija auf dem Wagen
(zu Ps 68,18)

Seite 36
Christus vor Kajaphas
(zu Ps 38,12.14-15)

Seite 39
Jona wird ins Meer geworfen
(zu Ps 69,3)

Seite 40
Jona, vom Fisch an Land gespien (zu Ps 130,1)

Seite 41
Schlange und Betender
(zu Ps 106,30)

Seite 42
Baum, David und Schlange
(zu Ps 58,5)

Seite 43
In die Berge flieh wie ein Vogel (zu Ps 11,1-2)

Seite 45
Gefangener und Hand Gottes mit Waage (zu Ps 17,1-2)

Seite 47
Verfolgter (zu Ps 140,6-7)

Seite 48
Kreuzigung Christi
(zu Ps 22,17-22)

Seite 50
Der verfolgte David
(zu Ps 18,1)

Seite 52
Schlafender und Christus in Getsemani (zu Ps 3,5-7)

Seite 54
Arbeit im Weinberg und Wildschwein (zu Ps 80,9-10.14)

Seite 56
Christus geht durch das Rote Meer (zu Ps 66,6)

Seite 57
David auf dem Thron
(zu Ps 89,37-38)

Seite 59
Versuchung Christi und Christus auf Löwe und Schlange (zu Ps 91,11.13)

Seite 61
An den Wassern Babylons
(zu Ps 137,1-3)

Seite 62
Engel vertreibt Feinde
(zu Ps 35,6)

Seite 64
David als Harfe (zu Ps 30,1-2)

Seite 65
Majestas Domini
(zu Ps 18,47-50)

Seite 67
Der Vogel hat ein Haus gefunden (zu Ps 84,4)

Seite 69
Einzug Christi in Jerusalem
(zu Ps 8,3)

Seite 71
Fliegender Beter
(zu Ps 37,24-25)

Seite 72
Der Gute Hirte (zu Ps 23,1-4)

Seite 75
Wie ein Kind bei seiner Mutter (zu Ps 131,2)

Das Original des Stuttgarter Psalters befindet sich in Stuttgart, Württembergische Landesbibliothek (bibl. fol. 23). Eine Faksimileausgabe ist in den Jahren 1969/70 in der Grafischen Kunstanstalt E. Schreiber, Stuttgart, erschienen.